DEIRDRE BRENNAN is a bilingual writer of poetry, short stories and drama. Born in Dublin, she studied English and Latin at University College, Dublin for her BA followed by a H. Dip. in Education. She has published six collections of poetry to date: *I Reilig na mBan Rialta* (Coiscéim 1984), *Scothanna Geala* (Coiscéim 1989), a *Poetry Ireland* 'Choice of the Year', *Thar Cholbha na Mara* (Coiscéim 1993), *Ag Mealladh Réalta* (Coiscéim 2000), an Oireachtas prizewinner, *The Hen Party* (Lapwing 2001) and *Beneath Castles Of White Sail* (*Divas,* Arlen House 2003). Her poems appear in Junior Certificate, Transition Year, Leaving Certificate, and Royal Irish Academy of Music textbooks. She has contributed to *The Great Book of Ireland* and is widely anthologized. Her short stories have been published in *The Irish Times, Passages, Anois, Comhar, Feasta, Lá* and *Foinse* and featured on RTE Radio 1, as was a six-part drama series, *Go to Blazes.* A founder member of Éigse Carlow Arts Festival in 1978, Deirdre was Chair and Secretary during its early years, and she was also a founder member of Comhaltas Ceoltóirí in Carlow, serving as Chair and Secretary. Her work and biography are the subject of Aoife Nic Fhearghusa's *Glór Baineann, Glór an Léargais: An tSochaí, an Bheith agus Dánta Dheirdre Brennan* (Coiscéim 1998).

ELIZABETH COPE is one of Ireland's leading artists. Based in County Kilkenny, she is best known as a painter of bright, colourful, spontaneous and spirited still lifes, views of interiors, animals, portraits and landscapes. Her cover paintings of Pelicans and Family at Seaside are fine examples of her work. For more information see Elizabeth's website, www.elizabethcope.com

I0892926

Swimming with Pelicans ¦ Ag Eitilt fara Condair

Deirdre Brennan

Swimming with Pelicans ¦ Ag Eitilt fara Condair

ARLEN HOUSE

Published in 2007 by
ARLEN HOUSE
an imprint of Arlen Publications Ltd
PO Box 222
Galway, Ireland
Phone/Fax: 353 86 8207617
Email: arlenhouse@gmail.com

Distributed in North America by
SYRACUSE UNIVERSITY PRESS
621 Skytop Road, Suite 110
Syracuse, NY 13244–5290
Phone: 315–443–5534/Fax: 315–443–5545
Email: supress@syr.edu

ISBN 978–1–903631–64–5, paperback

Cover Images ¦ Elizabeth Cope
Typesetting ¦ Arlen House
Printing ¦ Betaprint

Bord na Leabhar Gaeilge

the arts council
an chomhairle ealaíon

Clár ¦ Contents

Acknowledgements

Foilsíodh roinnt dá bhfuil anseo cheana sna hirisí *An Guth, Feasta, Éigse Éireann/Poetry Ireland Review, Poetry Now 2007, THE SHOp: A magazine of Poetry*.

Do mo gharpháistí, le grá mór

Ag Eitilt fara Condair

Carpe Nocem

Eheu fugaces, Postume, Postume labuntur anni ...
Horás, Óid 2.14

Níl éalú ann ónár mortlaíocht
An oiread san caisleán is tithe ina bhfothracha
Ag stánadh de shíor ar na beo
Trí phúicíní eidhneáin nó duileascar cloch;
Cathracha na marbh ag faire orainn
Ó leicne cnoc; loirg ár sinsir brúite fúinn faoin bhfód.

Is i laethe deiridh na bliana seo,
Sa leathdhorchadas théis ghrianstad an gheimhridh,
Aisling an earraigh ag péacadh inár gcnámha,
Nuair a raghaidh urlár na foraoise i nglaise
Le creamh is cloigíní gorma ag dul i mbuinne,
Nach maith is eol gur dual
Do na bláthanna fiáine féin
Móinfhéir an tsamhraidh a dhathú
Feadh míosa nó dhó sula bhfeonn
Gan loirg a ngas mar chuimhne orthu fiú.

Mar sin, a stór, cuir uait an ghruaim,
Tarraingeoimid na cuirtíní i gcoinne na hoíche.
Druid isteach le hais na tine liom.
Tá scroid airneáin sa phota, fíon inár ngloiní
Is cuirfimid moill ar ár ruaill tríd an saol seo
Le só agus aoibhneas, mar geallaimse dhuit
Nach bhfuilim chun scarúint leis na pléaráca go fóill.

Cois Bearú

Tuirlingíonn na faoileáin
Mar raiste sneachta go bruacha,
A leithéid de thabhairt amach
Is bardail á n-iomlasc féin
In uiscí odhra na habhann –
Taisceadán caipíní moil, buidéil,
Creatacha rothar, tralaithe ollmhargaidh,
Cannaí stáin, barraíl na gcianta.

Seanrithimí na conaire athraithe,
Báite faoi scáileanna na gcraenacha,
Faoi thorann ollscartairí is tochaltóirí,
Faoi bhrúisc theach braice Joshua Watson,
ina charn de sheaniarainn is chloch
D'fhonn láthair a dhéanamh d'óstán nua,
Oifigí nua, meal siopadóireachta.

Suas abhainn nochtann an turnóg aoil
Mar thaibhse chugam trí chuisle ceo
Ansin an mhonarcha siúcra thréigthe,
Is an t-ollphíopa a d'iompraíodh an táir
Os cionn uisce go dtí na páirceanna láibe
Mar a ndeineann an fheadóg sléibhe
Is an cuirliún fuasaoid ó na murlaigh.

Ní airím oiread is macalla na bpaidreacha
A dúirt Cróinín lá i ndiaidh lae
I ndíseart a cille cloiche cois abhann;
Eaglais Chomhghaill gan rian di ar fáil,
Leaca reilig an Ghorta ar sceabha;

Na bláthanna gona ribín buí
I gcuimhne an fhéinmharfóra óig
Sleabhctha feoite ar bhruach.

TUARTHA

Scuainte géanna ag eitilt ó dheas.
Gomh sa ghaoth. Fómhar eile tagtha.
Leoraithe biatais ar an mbóthar,
Gal ag pléascadh ón monarcha siúcra
Is mise go béal na mbróg i nduilleoga.

Táim théis an ruaig a chur ar thaispeántaí
Nár iarras is nár lorgaíos riamh im shaol.
Ní thuigim an dóigh ina dtagann siad fríd
Nó an bhfuil siad ag tabhairt foláirimh
Faoi bhás nó faoi dhrochaimsir dom.

Pé acu is maith linn é nó nach maith,
Tá na seandéithe linn fós. Ná codail
Ar an gcluas sin go bhfuilid imithe.
Níor tugadh ach céim síos dóibh nuair
A cuireadh ar dhroim an bhealaigh mhóir iad.

Fágann siad cleití ar cuma scríbhinn rúnach iad
Ar thairseach an dorais romhainn.
Is leo siúd na súile bíomlógacha
Ag bun uisce na claise; an binsín ceoil
A luíonn go corrach ar imeall na cluinstine.

An tairseach sciobtha scuabtha agam anois
Cleití na ndéithe scaoilte le gaoth,
Ligim orm nach n-aithním a gcártaí cuairte,
Uaigneas a gceileatraim is a bhfolachais
Gan neach chun béal bán a dhéanamh leo,
Gan oiread is bréid túise á n-onórú.

Cueva de la Pileta

Lampa ola an treoraí
ag lasadh shlí m'oilithre
go broinn na huaimhe,
cuirim gúnga orm féin,
ag méarnáil na mealltrachaí
ar shleasa na gcaolbhealaí
idir aolchuisne is charraig.

Deinim iontas den charn cnámh –
ainmhí is an duine measctha ar a chéile –
deinim iontas den líníocht ghualaigh
ar na fallaí, den iasc ollmhór,
den ghabhar fiáin spearbhail d'adharcach,
den láir shearraigh daite le hócar;
iniúchaim comharthaí is siombail
nach feasach dom; chuile chaol-líne
lena cumhacht féin, a draíocht
caillte le fada i lúbra ama.

Ní raibh sé ar m'intinn riamh
coiscriú a chur faoi ionad dídine
na sciatháin leathair a phulcann
ina mílte as bearnaí is scailpeanna
cheann na huaimhe ar mo theacht,
ná ní raibh sé im intinn
coiscriú a chur faoi na seandéithe,
ina dtámhshuan anseo leis na cianta,
iad ag cluasaíocht liom anois i siollaí ársa
thar raon mo chluinstine.

Braithim nach bhfuil dea-intinn acu dom,
gur mise íobartach a n-aiséirí,
is i mbéal na séibe, táim ag snámh
idir dhá shruth, gealacha seanda
i bhfad múchta, ag síothlú athuair
go doiléir tharm, is táim
mar a bheadh smugairle róin
ar bharra thaoide deireanach
mo shaoil go dtí an duirling
mar a leáfaidh mo theasc ghloiniúil
as radharc i gcolbha an uisce.

Faitíos

Gaoth ag dul chun fuachta,
Mise na mílte ar strae,
Lúbaim anuas ó ghileacht lae
Síos go gleann gan ghrian
Faoi bhealach eitilte sciathán leathair
Mar a eitlíonn tromluithe éagruthacha tharam,
Deineann neacha nach gcaitheann scáil
Luíochán orm, dom scoitheadh sa rás
Ag chuile uillinn bhóthair.

Smaoiním ortsa, faitíos anama ort,
An scéal imithe ó smacht agat
Ag dul ar iontaoibh Dé
Théis an dá chíoch bainte díot;
Mar a chonac an folús id shúile
I mbarda róthéite ospidéil
Is tú ag cur síos
Ar leathnú na hailse tríot.

Smaoiním ar an bhfear ciaptha sin
A shíl go raibh sé ar strae ina cheann
Nuair a shiúil sé tríd an doras
I bhfoirgneamh ársa maorga
Sa bhanc mar a n-oibríodh sé
Is tháinig sé ar leaba agus *duvet* síoda
I siopa ilranna, áit a mbíodh a dheasc.

Anseo taobh thall den bhforaois buailte liom
Mar a nglamann an mac tíre deireanach de shíor
B'fhéidir go bhfuil teach, soilse sna fuinneoga,

Bóthar ar aghaidh trí na timpealláin
Tá ina mboinn choimhthíocha buailte ar an dtír,
Mar a bhfeicfidh mé oíche spéirghealaí,
An Réalt Thuaidh ag sméideadh go lonrach orm.

Hataí Panama

Cromtha thar a gcuid oibre,
Fíonn na fíodóirí ó uair go huair
Faoi sholas na gealaí is drithlíní réaltaí
I bhfuarthan oíche teochreasaí
Le nach dtógfadh an snáithín pailme
An salachar ó allas a lámh.

Fairim mar a éalaíonn a súile ón bhfaraire,
A méara bioracha ag scoilteadh an tsnáithín
Go mbíonn sé chomh tanaí le rásúr,
Fáinne i ndiaidh fáinne fite
In uige chomh bog le síoda,
Chomh huachtarúil le cúr locha
Ag sníomh amach ón gciorcal lárnach
Ar na blocanna adhmaid
Mar a ndeilbhítear iad.

Táid beag beann ar an ríochas,
Ar na *celebs* is na réaltaí scannán,
Ar chloigne maola uachtarán an iarthair
A chaithfidh na hataí lá éigin go luath.
I dtiúin leis an gceird mhall dheismíneach
A choinníonn an gorta uathu,
Léann siad an oíche i gcorraíl na bpearaicítí,
Múchadh na réaltaí ina gceann is ina gceann,
Láchan fhlannbhuí ag fógairt codlata dóibh.

Ar Iarraidh

Foras ná faoiseamh ní bheidh agam
go dtiocfad lá éigin ar a chorp,
pé fuílleach nó cnáfairt dem mhac a bheidh ann
théis feannadh na doininne is éin chreiche na mara.

Is suarach an sólás dom fánaireacht chainte
iad siúd a mhaíonn go bhfuil sé beo;
a deireann go bhfillfidh sé chugam;
nach bhfuil ann ach gur scoitheadh a óige de.

Maith is cuimhin liom mar a d'airigh mé
míshuaimhneas do-inste an anbháis
amhail néal dorcha ar foluain os cionn
na feorainne mar ar thángthas ar a charr

Ag siúl na duimhche dom na laethe seo
cuardaím an mhuiríneach dó ina dtom 's ina dtom;
ní fhágaim turscar ná feamainn trá gan iompú,
poll ná pollán sna carraigeacha gan féachaint ann.

Mise, nach bhfuil in ann siolla dem shúil
a thabhairt ar an éan róin marbh i mbéal an uisce
a chasann ó ghogaire ina leircín sa ghaineamh,
cad a dhéanfad le broicleach linbh mo bhroinne féin?
Ach fós, is tromluí gach lá nach dtagaim air
's mé ar mearbhall lena ghuth ag glaoch orm
ó phrochóg nach dtig liom a fháil,
na macallaí dom thimpeallú go n-aimsíonn
a uaigh laistigh díom féin

Na Réalteolaithe

Chomh corrabhuaiseach is dá mbeidís
Ag tógaint miosúir le haghaidh culaith éadaigh
Cuireann siad an tslat ar *Andromeda*
Ó lár go rinn is faoi lánluas
Ag réabadh léi ar a haistear trí spás
Chun Bealach na Bó Finne a scaipeadh
Nós canach feochadán sa ghaoth.

Ní lia braon san fharraige ná na cuntais
Is na foirmlí uimhriúla
Lena mbeathaíonn siad a ríomhairí
Chun eolas a aimsiú ar ábhar dorcha –
An stuif diamhair rúnda san
A mheallann gnáthábhar isteach i ngréasán
Go naíolann ina neascraítear síolta na beatha
Is ina mbeirtear gach ré is réalta.

Ach oícheanta ina mbrionglóidí
Tagann spéirbhean niamhrach na hoíche chucu,
A ciabhfholt fionn ag dlaoithliú,
Is ag sileadh thar ghlinnte an aeir,
De shíor á sméideadh go duibheagán
Ar chúl na réaltbhuíonta, spás anaithnid
Ina dtéann siad ar mearbhall,
Ag rothlú i dtromluí gáis idir-réaltaigh
I measc a bhfoirmlí matamaiticiúla féin.

Mearú Súl

Ag faire dom mar a líonann gealach lán
cosáin agus bláthcheapacha an ghairdín,
mar a chaitheann spotsholas ar an stuara crannach
gona ualach rósanna agus cleméatais,
ag fíorú an ulchabháin cloiche ar a phlionta
idir an chaithne is an crann daimsín,
meabhraítear dom cluainíocht an ghairdín úd
a thóg an tImpire i *Kyoto* tráth, ina siúlaíodh sé
oícheanta lena chéilí leapan faoi sholas na gealaí
mil ar chuiseogach acu,
ag faoibín dóibh féin ar chosáin chonaire
idir na linnte is crainn silíní.

Níor airigh na mná nach raibh sna cosáin,
na linnte, na bláthanna, na crainn silíní
ach mearú súl ag claochlú le bánú an lae
go gairdín ná raibh ann ach páipéar.
Anocht is baolach gur mar an gcéanna
mo chinniúint féin, go mbeidh drogall orm
béal na maidine mo shúile a oscailt
ar eagla nach n-aithneoinn aon rud
ach cruth scáfar ag crochadh ar chraobhacha
mo chrainn bhig Iúdáis.

An Crann

Tá pálás na *Khalif* leagtha le fada an lá,
garraithe crochta na Baibealóine
a thóg *Nebuchadnezzar* dá chéile mná,
gan aon teimheal díobh fágtha;
an múirín méith, a chothaigh na lochtáin
as ar bhíog sáith banphrionsa
de chrainn shíodúla is blátha andúchasacha
scaipthe ina snaois sa ghaineamhlach.

Ach tá crann sa cheantar sin ar na saolta seo,
crann ársa coiscrithe síorghlas a dtugtar
urraim dó is nach n-aithnítear a ghné,
a chraobhacha chomh solúbtha fada
le craobhacha na sailí silte,
na duilleoga mar dhuilleoga an chéadrais,
caitheann sé a scáil ar thoibreacha
is tugann dídean don taistealaí.

Deirtear gur éalaigh gas nó gur goideadh i ngan fhios
ó na gairdíní crochta roimh chreachadh
is bhánú na Baibealóine; gur chrom an *Khalif Ali*
faoina chraobhacha i ndiaidh chath *Hillah.*
Is in oícheanta brothallacha an tsamhraidh seo
is mé ag éisteacht le síolta ag cnagadh ar na gaobhair,
bogann súiteán éigin thar chuimhne nach dtuigim
is siúlaim i dtreo an chrainn atá idir mé agus léas
mar a bheadh lon leonta ag lorg láthair sosa faoi.

CEILEATRAM

A éanbhean, a bhandia na spéartha,
Led chírín dearg, led sciatháin ghorma,
Do chochall cluimhrí feistithe
As cleití niamhracha na mílte pearóid,
An é gur éirigh tú tuirseach den eitilt
Nó ar scaoil duine doicheallach saighead
A leag de thuairt go talamh thú?

Do chorpán lúbtha mar a bheadh gin toirchis,
D'fhág an treibh thú teanntaithe le sáiteán
San ithir nó gur ith ciaróga do chuid feola uilig;
Is do chonablach glan don adhlacadh
Bhurlaíodar i mála éadaí tú, ag stuáil do chnámh
Le luibheanna íce, le cadás, féara, pónairí, cócó,
guird is min bhuí; blaosc do chloiginn leochailigh
iompaithe ar aghaidh éirí na gréine.

Lánchinnte go raibh siad tagtha ar éan ollmhór,
Cad é an meascán mearaí a bhí ar d'aimsitheoirí
Nuair a léirigh x-ghathanna an bhean laistigh.
Is ar oscailt an bhurla dóibh, cad é an mearbhall
a bhí orthu nuair a líon a gcluasa le buillí sciathán
Is chonac i mogaill fholmha do shúl,
Spéartha ársa gorma Pheiriú mar ar eitil tú tráth
I gcomhluadar condar is seabhac seilge.

Oícheanta Arabacha

Quod non fecerunt Baathi, hoc fecerunt Americani Polonique.
(athleagan ar a ndúirt *Byron* ag caoineadh scrios an *Parthenon*)

Ceo bealaithe olúil
ar foluain os cionn cathracha,
os cionn pailmeacha dátaí,
pomagranáití is tamaraiscí,
oíche i ndiaidh oíche
geonaíl na n-eitleán
ina suantraí do pháistí,
daoine gearrtha ag smionagar sliogán,
adhlactha faoi mhionrabh a dtithe;
coirp ar mhuin mhairc a chéile
i marbhlanna is reoiteoirí
ag feitheamh ar dhaoine
a mhaífeadh gaol leo.

Tá ceol na talún múchta,
guth an *muezzin* tachta,
na hoighinn aráin fuar,
dream nua tar éis an Tigris a thrasnú,
ag bánú na tíre
mar a bhánaigh
Xerxes, Darius is Alastair é tráth
ar a mbealach chun an domhan a smachtú.

Láithreáin ársa leacaithe,
ina n-ionad tuirlingthe ingearán anois,
na mílte mála gainimh stuálta
le cnámha, blúirí seanphotaireachta,

brící tochailte as áirsí mórshiúlacha
caite ar leataobh i gcarn carta,
inscríbhinn dhingchruthach ar cheann amháin –
Nebuchadnezzar, rí na Baibealóine
a sholathraíonn do Esagila is Esadila,
mac is sine Nabopollazzar,
mise rí na Baibealóine.

AN *HIBISCUS*

Ba dhoiligh di cur fúithi i dteach a hiníne
idir an méid míshlachta, callán cainte
na ngalrach in achrann lena chéile, ar an bhfón
gan sos gan staonadh, fionnadh an mhadra
i chuile áit ar shuigh sí 's an pharaicít
ag tuirlingt ar a pláta ar thóir goblaigh.

Ba dhoiligh di an t-aistriú go dtí an chathair.
ise nár thaithigh ach baile tuaithe feadh a saoil.
Bheadh na druideanna óga cleachtaithe
ar an eitilt anois; na seabhacleamhain
ag diúl mhilseacht Lúnasa ó na pitiúinia,
is na hulchabháin ag glaoch istoíche ina seanghairdín.

Tuige nach dtógann Dia mé? a deireadh sí
uaireanta a dearóile, í ag titim i mbrí,
ag caolú uaithi féin, leathmhúchta i streoille smaointe
ina bhféadfadh sí dul ar seachrán,
gan chara, gan guth sa teach a d'fhreagródh í
ach an pharaicít ag déanamh aithrise uirthi.

Húm ná hám ní raibh aisti d'eagla go ndíbreofaí í.
Nach raibh a hiníon théis í a shábháil ó *Death Row,*
mar a ghlaoigh sí ar an dteach banaltrais inar éag
a céile bliain go leith ó shin. Maith ba chuimhin léi
na brúnna dubha ar a aghaidh mharbh sa chónra
's gnúis chiontach na banaltra roimh a ceisteanna.

Bhraith sí ar chuma *hibiscus,* potaithe i dteach téacháin,
a blátha chomh rua le cailleacha dearga
na bpáirceanna; trumpa a piotail ag oscailt
ar maidin, ag titim go leac fuinneoige i ndiaidh lae;
chífidís lá éigin a piotail féin ag dúnadh ceann
ar cheann, á bhfilleadh chomh dlúite ar a staimín
nach dtiocfadh leo iad a scaradh ó chéile gan stracadh.

Indian Meal

Arbhar Indiach ag borradh aníos
As ceann an dé óig sa ghlif,
É caithréimeach, athghiniúnach, raidhsiúil,
Diasa ag ramhrú ar fhuil an duine,
Ag cur i gcuimhne dom na ceannaircigh úd –
Na mílte fada ó thír seo na *Maya* –
A thógadh lán a bpócaí gráinníní eorna leo
Chun an dé a choinneáil iontu is iad ag máirseáil
Is mar a d'eascair an eorna sin
As a n-uaigheanna gan chomharthaí
É caithréimeach, athghiniúnach, raidhsiúil,
Diasa ag ramhrú ar fhuil íobartach,
Ag spré a síolta le gaoith,
Seordán na ndias buí i mbéal bainte
Ag déanamh monabhar mealltach
I gcluasa na n-ógfhear
Ina mbailte beaga marbhánta.

Oíche Stoirmiúil

Le luí na hoíche, tagann an stoirm,
soinneáin ghaoithe ag burlaíocht leis na crainnte,
craobhacha ag baint tuairte as craobhacha
go stadach ar dtús, ansin blosc na n-easnacha
ag scoitheadh le fuaim chomh millteanach
le cnámhbhriseadh mastadáin.

Tá an domhan uilig ag titim as a chéile,
báirí iasc marbh ag marcaíocht ar
rabharta mór an fhómhair, éin mhara
i gcuan a marfa le hais na feorainne,
a gcuid eiteog ar púscadh le hola thiubh;
fir óga, ina nduine is ina nduine
á mbá féin i bhfuarlach aibhneacha.

Cluinim anamnacha na sinsearach,
faoi chrann smola a bpurgadóireachta
á gcaitheamh faoi rúsc crainn sa nód
mar a dtagann craobh is stoc le chéile,
scaoilte anois ar an oíche,
ar snámh ar chúr aibhneacha,
ag imeacht in ascar sna giolcaigh
nó ar bóróiricín sna cuilithíní
I measc ciaróga uisce.

Cluinim an t-éagnach is scréachaíl
a phléascann as eitrí na stoirme,
an oíche théis tairseach a thrasnú
idir an t-ábhar balbh is an fheoil bheo
ag tabhairt gutha do chuile phian a bhí

riamh ann; chím mar a ithimidne ár bpáistí,
mar a ligimid do shagairt iad a éigniú
i sacraistí measc soitheacha coiscricthe,
mar a éagnaíonn aithreacha teaghlaigh
is a ngaolta féin buachaillí is cailíní
ina seomraí codlata,
mar a fhágtar mná batráilte,
scanradh a n-anama orthu, ar urláir chistine,
a gcnámha briste, ag diúltú dóibh féin
lá i ndiaidh lae go dtarlaíonn an rúscadh.

'S chím thusa, mo chara béal dorais,
id luí faoin bhfód sa reilig
le coicís anuas, tú beag beann anois
ar shlinnte do thí ag eitilt leo,
ar an mbáisteach ag sileadh trí do dhíon,
ar an Mór-ríon féin sa stoirm
suas go básta in uiscí na murascaille
ag ní ionathar an domhain.

Ag Fiach

[Rú – *Herb o' Grace (Ruta Graveolens)*
Luibh íocshláinteach.
Úsáidí: do thochtán in éanlaith, do phéisteanna talún, histéire agus coileacran. Má chrochtar craobh i seomra cuireann sí an ruaig ar chuileoga; úsáid go coigealtach, í go mínghearrtha i gceapairí. An t-aon phlanda nach dtig leis an *basilisk* a scriosadh].

Piocaim craobh ghormghasach rú,
Treathan uaine a chuid duilleog
ag tonnadh tharm, a bhláthanna geala
mar mhilliún grian ag buíochan
is imím ag fiach, ar thóir *basilisk*
go tír gan chuileog ná éan
mar a mbíonn gal bhréansilteach
ar foluain os cionn locha
híodraí agus ciméaraí ag sioscadh,
an *basilisk* féin, ramallae ina dhiaidh,
ag snámhaíl go ríoga im threo
carraig is cloch dá scoilteadh roimhe
ag díthiú gach crann gach tor
gach seamaide féir ina bhealach.

Mo chuid bréagaíochta pas beag tanaí,
Filleann an rú aniar orm féin
Mar a fhilleann úll timpeall a chruinnis.
Nach bhfoghlaimeoidh an dream seo riamh?
Cloisim an *basilisk* ag gearán
É ag coinneáil amach uaim
Is ag croitheadh a chírín coiligh,
Fonn orthu i gcónaí bheith ina rudaí nach iad
Ag lorg ríochtaí nach bhfuil ar fáil dóibh.

Féach a leithéid a dheineann an bhean seo
Chun a haidhmeanna a bhaint amach
Is dán a ghoid uaim!

Fuaimeanna

An lá mar bhrat maothshróil dom mhuirniú
Coilm gan foghar astu ag cleitearnach tharam
Breathnaím mar a thumann siad
Go himeall an fhuaráin faoi dhéin scíobas uisce,
Mar a éiríonn deatach gréisceach
Ó *bharbecue* i ndiaidh *barbecue* na gcomharsan.
Is ar feadh na faide na coilm ag tumadh, ag tumadh.

Mo chéadfaí curtha chun suain
Faoi ghrian tharraingteach mhall,
Éistim le fuaimeanna an tsamhraidh im thimpeall,
Saolta daoine eile ag brú isteach orm,
Gártha páistí ag léim ar thrampóilín
Sa ghairdín taobh liom
Fánaíocht chainte, guthanna ag aighneas
Leathbháite i gcaisí ceoil
A thrasnaíonn fál crann is sceiche;
Fear is riocht scoilte air le gáire
Ag scaoileadh píobán uisce ar chailíní
A screadann leis an bhfuarú ar a gcraiceann.

Ceistím féin an bhfuilim anseo ar chor ar bith,
Iad chomh beag beann ormsa, mé chomh feasach orthu.
Smaoiním ar ar inis an bhanaltra dom
Is tú ar leaba do bháis
Gur an blas is túisce a imíonn,
I ndeireadh na scríbe na fuaimeanna,
Bí ag caint leis, ar sí, *cloiseann sé thú, cloiseann.*
Mar a chloisim anois thú, mo lámh
I do lámh ag éisteacht le chéile,
Na coilm ag tumadh, ag tumadh.

Sealgairí Iontaise

Ag criathrú an ghainimh dóibh
Ar thóir cnámh a scuabadh le fána
Ag báisteach is creimeadh na gcianta,
Chonaic siad aghaidh bheag
I bhfostú sa ghaineamhchloch
Ag gliúcadh amach orthu,
Bunóc ársa, fiacla an diúil
Ar deil sa chloigeann aici,
An dara cíor in áit cheana féin.

Ba dhoiligh dóibh í a fhuascailt
Le druilire fiaclóra ó bharróg dhocht na carraige,
Gráinne i ndiaidh gráinne ag titim
Ó easnaí, veirteabraí is méiríní,
Gur nochtaíodh cailín trí bliana os a gcomhair,
Is san áit ina raibh a scornach tráth
Bhí cnámh bheag hióideach –
Cnámh na cainte féin,
Foinse scéalaíochta is duanaíochta,

Is go tobann d'airigh siad mar a bheadh
Focail chianaosta i dteanga anaithnid
Is taibhse a gutha ag baint macalla
As an screablach faoi spalladh gréine
Díreach mar a imríodh sí lena cairde tráth
I gcoillearnach fhoscúil
Cois abhann ollmhóire.

PENELOPE

Tá sé ag slíocadh bhlaosc mo chloiginn,
Ag méaraíocht atanna is chnapáin na gcnámh
Ar dhóigh chomh hurramach san
Shílfeá gur órshnaith leochaileach
A luigh faoina chaoinlámha.

Seo Penelope, a bhí ina suan, folaithe uainn
Ar feadh milliún go leith bliain –
Chonaiceamar léar di ag sacadh amach
As spallaí na huaimhe mar ar imigh sí
Ar fothain ó chogadh bithnimhneach
Nó ionsaí namhad ón spéir.

Stánann siad idir dhá ghealach dhubha
Mo shúl; déanann iontas dem chnámharlach,
Tuairimíocht ar dhuibheagán na smaointe
A shruthlaigh tríd m'intinn tráth
Is stánaim ar ais orthu
Gona n-aghaidheanna fada mílítheacha,
A ngéaga snáthadánacha,
Tuin mhonabhrach a mbéalrá.

D'oibríomar ó iar lae go lán lae,
Ó lán lae go luí gréine feadh míosa
D'fhonn í a spíonadh ón talamh –
Ise an cnámhchaighean ina dtagann
An t-am líneach is an t-am neamhaí
Le chéile. Micreacosma is maicreacosma –
An antraipeolaíocht is an lá inniu
In aon ghabhdán amháin luachmhar.

Tá sé ag slíocadh bhlaosc mo chloiginn.
Ní fheadar an bhfuil an geimhreadh
Tagtha lasmuigh. Ceobhrán mar fhleasc cumha
Ar na cnoic; cailleacha dearga ina nglae,
Claíocha críche is ár dtithe clúdaithe
Faoi raithneach is cré na n-aoiseanna.

Amhantar is tábhachtaí ár linne í Penelope
Mar in áit a hadhlachtain
Thángamar ar dhéantúsáin dhochreidte:
cannaí éisc agus glasraí nárbh eol dúinn
piseanna agus pónairí Batchelor
Tuinnín agus sairdíní John West,
Catbhia ae lachan Whiskas
Na lipéid iomlán inléite.

M'inchinn iontaisithe, mo ghéaga briste,
Is mise an lúb ar lár, Gillín Sneachta scanrúil
Curtha i gcomhad i gcónra ghloine,
Cannaí stáin im thimpeall,
Gan aon tseans agam go gcaithfeadh prionsa
Póg chugam a chuirfeadh craiceann is feoil orm.

Deireadh an Domhain

Ní gá dom bheith i mbun aon chúraim inniu.
Níl a fhios agam an dtiocfaidh oíche.
Níl teannadh ar mo chúl ná ar m'aghaidh agam
Ach glacadh leis an lá earraigh seo,
Lá deiridh an domhain.

Níor inis éinne dos na bleibeanna
Gur saothar in aisce dóibh é gobadh aníos,
Níor inis éinne don spideoigín
Ag bailiú dlaíóga olla is caonach dá nead
Nach bhfuil neadaireacht i ndán dó,
Ná don damhán alla ag fí théadracha an lín
Nach gceapfaidh bricfeasta di go deo.

Mar sin, téim i neamheagla ar an lá seo,
Solas órga earraigh ag scrolladh anuas go féar,
Síolta eascartha na beatha cuachta lem ucht,
Cuirim béile ag suanbhruith ar sorn cistine,
Is ag éisteacht le preabadh rithimiúil ón bpota
I dtiúin le cuislí dochloíte an domhain
Téim i mbun dáin nach mbeidh críochnaithe riamh.

Leanaí Gan Bhaisteadh

Tagaimid anall orthu ina gcró folaigh
Mar ar adhlacadh iad faoi sholas lóchrann,
I gcoim na hoíche dorcha,
I dtalamh neamhchoisricthe
Ar chríochanna na tíre,
Ar chiumhaiseanna na farraige,
Faoi chlaíocha ar imeall cealdraí.

Seo na leanaí saolta lasmuigh den chuing,
Leanaí a rugadh marbh,
A fuair bás den tachtadh ag an mbreith,
A maraíodh le bioráin chniotála,
A múchadh le ceannadhairteanna;
Caillte, curtha, dulta i ndearmad,
I ndíchuimhne go broinne an bhrátha.

Tá a gcuid láithreachta i chuile áit,
Ag aiséirí i scaobanna tochaltóra
Ó bhunsraitheanna bóithre nua,
A gcnámha beaga ina gcarnaibh
Ar mhuin mhairc a chéile
Ag lorg aitheantais is athadhlactha.

Gabhann easpaig is cléir is fíréin
Fiche leithscéal mar gheall ar a tharla dóibh
Ag ofráil Aifrinntí is tionól urnaithe ar a son
Á mbaisteadh le huiscí beannaithe eaglasta
Ach tá's agam nach bhfaigheann siad fuascailt
Mar nach bhfeicim aon chló orthu
Ach cló na hainnise is iad ar foluain

Mar thinte gealáin thart ar na blúirí
De scraithín is chré a chlúdaigh ón tús iad.

Na Cumadóirí

Lá den tsaol chum *Madumda* mé
Cnámh ar chnámh
As slatacha umhla saileoige;
Shéid sé anáil na beatha tríom
'S mhúin an tsealgaireacht dom
Le go n-íosfainn.

Chuir sé bean saileoige lem ais
A d'iompair duine clainne gach bliain,
Bean a líon le cnónna 's fréamhacha
Na ciseáin a d'fhigh sí lena lámha féin
Ach bhí *Madumda* doirbh linn
'S sheol fallaí oighir aniar aduaidh orainn
A bhrúigh an t-anam asainn go léir.

Ansin chruthaigh *Enosh* mé –
Fearacht fir aráin sinséir
Chan ar chuma Dé –
Mhúnlaigh ceann, colainn, lúbán de chosa
As lathach sláthaí abhann,
D'fhág ar bhruach mé le bruith faoin ngréin
Sular thál sé póg na beatha orm.

Ach, dúradar nárbh é mise
A tharraing anáil ach Sátan i riocht duine
Ag snámh isteach i mo dheilbhín
Nuair nach raibh *Enosh* airdeallach;
Nach raibh de rogha acu
Ach m'anáil a mhúchadh
'S smidiríní a dhéanamh díom.

Ba mise *Manu* mac *Bhrama;*
As mo chorp déghnéasach
D'eascair mic agus iníonacha
Chun an t-earrach a dhéanamh,
An fómhar a bhaint. Ba mise *Manu,*
Mo bhád treoraithe ag iasc áibhéalta
A sháraigh an Díle.

Manu, mac *Mhanu,* mac *Mhanu* –
Ní cuimhin liom anois cé chomh minic
Is a d'fhaireas an *Indus* ag sceitheadh a bruach,
Ag déanamh stalcaireachta ar mo pháistí,

Ag slogadh siar mo pháirceanna
Go dtí mo dheireadh féin
I ndusma na nglúnta.

Ar ais arís. An seancheardaí *Dedalus,*
Gur beag an sásamh dó tóir ar eitilt,
Dom scoitheadh, dom ghearradh as carraig,
Ag snoí súile ramhra, beola cuara
Agus – más cruinn mo chuimhne –
Seasamh chomh grástúil cruthúil
Is a deonaíodh domsa riamh.

Athfhuaimním fara leis na focail
A mheall sé as mo scornach creagach,
An t-uafás 's iontas a cuireadh ar an slua
A shuíodh ina staic ag éisteacht liom
Gur éirigh an máistir bréan den obair
Is d'fhág mé ag tachtadh i lár abairte,
Maidhm phúróg ag gliogarnaíl i mo bhéal.

Ar na blianta deireanacha seo ní théim
Sa tseans ar ghuagacht déithe,
Cruthaitheoirí nó asarlaithe,
Cumaim is athchumaim mé féin i réaltacht shamhalta
Ag rianú fhairsinge mo réimsí,
Doimhneas mo chuid aibhneacha in imlínte glana,
Is líonaim mo bhéal le mo chuid focal féin.

Sa Reilig

Gnó mar is gnách sa reilig ar maidin.
Veaineannaí na saor cloiche páirceáilte
Ar chosáin chúnga idir na huaigheanna,
Cling-cleaing spáideanna na reiligirí
Ar spallaí sa chré,
Fear, neart cumhdaigh air i gcoinne fuachta,
Ina shuí ar chathaoir chistine
Os comhair uaighe amach
Ag greanadh ainm nua ar leac.
Cloisim mionbhuillí a chasúir ar shiséal
Mar a bheadh smólach ag bualadh
Blaosc seilide ar chloch.

Smaoiním ortsa, an tslí ina mbeireadh tú greim
Ar uillinneacha do chathaoireach féin,
Ag tabhairt dúshlán don bhás tú a bhogadh.
Fiú ag d'adhlacadh sa reilig seo,
An uaigh ag méanfach romhat,
Ní scaoilfeá leis an saol
Ach do dhá shúil ar bior ionat,
Sheas tú i measc na gcaointeoirí
Ag breathnú ar do bhaintreach
Nár ghoil aon deor.
Is féach ort anois ar do ghlúine lem ais
Ag uaigh-gharraíodóireacht,
Do lián ag siortú i measc gormbhúnna is sabhaircíní.
Nach bhfuilir chun sos a ghlacadh go deo?

EITILT

Tógaim mo shúile chun na bhflaitheas
le faire ar fhuiseog ar bís ag éirí
in ailleog cheoil go buaic na spéire
i bhfad ó na sramaí seilide a dheineann
léarscáil lom faoi mo chosa
is smaoiním ar eitilt mhiotalach an duine
mar a scríobaimid na spéartha
le dronlínte ár gcuid uaillmhianta
is ar feadh na faide taibhríonn an t-anam
in ubh spideoige, in amhrán fuiseoige.

Bíodh Geall go bhfuil Bean sa Scéal

Nach ollmhór é áilíos na mban!
An bhean seo, caitheamh i ndiaidh fir aici,
Nós buachrapaire shlog sí siar d'aon ailp
amháin é, go raibh air lonnú ina broinn.

An bhean úd, in am marbh na hoíche,
a léim sa diallait laistiar de mharcach
ag imeacht sna glinnte tríd an mbearna,
is a reoigh é chun báis ina barróg oighreata.

Shuíodh *Ts'u-Hsi* i ngrianán lán magairlíní,
ingne sé horlaí ar a méara ríoga,
trí mhíle coillteán ag friotháilt uirthi,
iad spochta gar don bholg mar dob áil léi

's goile chomh géar san ar an mbanimpire
Maria Teresa, gur chogain sí chomh mín le snaois
samhail de chath *Esztergom,* a mhúnlaigh
sólaisteoir na cúirte as siúcra cruafhuinte.

Nach féata an bhean mise ina gcomhluadar siúd!
Murab aon ní eile é, táim níos claonta chun anaireicse
is mé lá i ndiaidh lae ag cogaint ar fhocail dáin

Damhsa san Ind

Agus tharla in aon lá amháin
nár stad an damhsa ó ghrian go dubh:
nathracha, faoi chluain ag ceol *poongi,*
ag rothlú go rithimeach as a bprócaí,
an ród líonta le truncaí eilifintí –
luascadáin chlog ar comhbhuille –
moncaithe clamhacha faoi *lamé* airgid
ag damhsa os comhair orgánaí sráide,
mathúna cuibhrithe i bpocléimeanna
ar mhaithe le rúipithe na dturasóirí.

Agus tharla in *Fatehpur Sikri,*
bánaithe anois leis na cianta,
go meabhraítear na ceithearnaigh bheo,
a gcoirp faoi shíoda ar dhath an bhogha ceatha,
daoirsinigh an impire ag damhsa
ó chearnóg go cearnóg ar bhord fichille
' s ó oileán i lár locha faoi dhrithliú réaltaí,
cloisim ceoltóir dall *sitar* ag canadh goltraí –
freangaí na péine laistiar den damhsa.

Brú Isteach

Coimthíocha, roiseadh glóiréiseach cainte astu,
Tagann siad in aon mholl amháin thar an tairseach –
Is cuid den turas tionlactha é tá's agat,
Slí mhaireachtála na ndúchasach a aimsiú –
Deineann siad iontas den solas glasghorm
A shíothlaíonn anuas ón díon rátán
Is féach, snáithe snasta réidh an urláir téice!
An t-adhmad, de réir an treoirleabhair,
Chomh lán d'aigéad siliceach
Go gcuirtear an ruaig ar sheangáin bhána
Maille le fungas, múscán is stangadh i gclár!

Gliúcann siad ar bhabhlaí, liacha is gréithre tí,
Ar luibheanna nach n-aithníonn siad, réidh don *wok*,
Ar scrín an Bhúda 'measc bláth is bataí túise
Ach ní fheiceann siad seanfhear, gan aon tsuí forais
 aige,
A chosa chomh guagach le snáthadh an phúca gonta,
Ag slíocadh leis ó sheomra go seomra
I láthair a n-ionsaithe.

Sa Teampall

Gealach lán Feabhra. Ó eascairt lae
iad ag teacht ina scuainte
le túis, le bia, le hofrálacha,
ag tarlú luaíochta. Timpeallaíonn na manaigh
cróchfheistithe an *viharn* faoi thrí,
bláthanna ina lámha acu, órdhuille 's coinnle lasta,
a dtoirbhirt mhóide don Bhúda os a gcomhair.

Chím moiglíocht 's suaimhneas na deilbhe,
– a súile iata ar cluain an tsaoil –
's airím lonrú a craicinn órga,
maotháin fhada na cluaise, cleachtaithe tráth
ar mheáchan na seod luachmhar
a d'fhógair a ghin uasal don domhan.

Samhlaím an bealach uaigneach chun an léargais,
ina chosán doiléir in oíche dhuibhré
dom mhealladh go háit dhoshamhlaithe –
neamhní, thar mo chumas tuisceana,
mar a múchtar an duine sa deireadh
thar phian is thar athionchollú.

Tá bolaithe mhargaí na cathrach faram anseo san aer,
gealbháin choille, scairpeanna, lócaistí,
á bhfulacht ag na mílte mangaire,
ag sméideadh ar ais orm dom ghnátha,
's aithním nach neamhní ná léargas atá uaim
ach mianach deisbhéalach a ligfidh dom eitilt
im pheadairín stoirme i dtreo na gaoithe:
an carn luaíochta dob fhearr dom anocht –
dán ag neadaireacht idir mé is *nirvana*.

CAINTICÍ ABHANN

Tá na birlingí ríoga go ciúin anois,
ar ancaire sa mhúsaem ar chiumhais na habhann;
breathnaím ar a gcuannacht leochaileach,
ar an tsnoíodóireacht ealaíonta adhmaid,
na dathanna órnite a dhallraigh na sluaite,
nuair a líon siad leithne an *Chao Praya*
is iad ag imeacht ar feacht go maorga
faoi bhualadh tomhaiste na ndrumaí,
tuile hiopnóiseach chainticí abhann
á gabháil ag dhá mhíle iomróir an rí.

Lasmuigh, an ghrian mar a bheadh cobra codlatach
ina ceirtlín os cionn na siopaí *noodle,*
stallaí margaidh, peasghadaithe is seoidchaimiléirí
a dhíbir macalla na gcainticí na cianta ó shin,
d'fhonn iomainn nua mhaireachtála a chleachtadh.
Chím mionloingis birlingí ríse, chomh dubh le píce
i gcoinne ghile an lae, ag plobáil go suaimhneach
thar sheanbhallóg bhriste bhearnach teampaill
mar a neadaíonn druideanna in achan pholl is
prochóg,
dealbh an chorr-Bhúda anseo is ansiúd
i measc na bhfothrach, spota órdhuille
ar bholg nó aghaidh fágtha ag an bhfíréan.

Deoraí

Ní raibh in intinn a fir ach airgead.
Níor labhair sé ná a chairde ach ar airgead.
Is nuair ab álainn léi cuideachta file óig
Is í ag titim i ndroim dubhach,
Dhíbir a céile í go dtí a fhearann faoin tuath
Chun meathlú i dtreo a báis
I bhfad óna páistí is a cairde sa chathair.

A leithéid de shólás croí
A thug an fhilíocht di is í ag scríobh
Na céadta véarsa ar bhéithe coille,
Ar bhanaoirí i radharcanna tréadacha
Faoi leathscáil crainnte síorghlasa,
Ar chumhracht an fhéithlinn i ndiaidh báistí!

Thagadh na smaointe is na briathra go fras
A chuirfeadh áilleacht ar an gcroí;
An fhadhb a bhí ann ná ganntanas cleití,
Go mbíodh uirthi a sciortaí a ardú ina lámha
Is rith trasna na bpáirceanna
Ar thóir a gé mí-ámharaí.

Maille leis an bhfilíocht
Luigh sí chun garraíodóireachta
D'fhonn is nach gcaillfeadh sí ciall is réasún
I laethanta uaigneacha a deoraíochta.
B'aoibhinn léi dath na hithreach,
Brioscacht na cré faoina méara,
An stráice talún a roghnaigh sí,
Ar a gcuirfeadh sí cruth is déanamh.

B'ionadh léi cé chomh héasca
Is a d'éirigh léi gairdín a shaothrú
Le bláthanna ilchineálacha
Ag imeacht ina bhfeacht
Ag síneadh amach mar a bheadh dán roimpi,
Parthas tuathúil cothaithe ó bheangáin is shíolta,
Rósanna, gormáin is plúráin chloigneacha
Ag cur i gcuimhne di na páistí a cailleadh uirthi.

Loirg

Is leis an gcromán móna
na fraochmhánna im thimpeall,
an bratphortach nach bhfásann ann
ach caonach, ceannabhán is cíb dhubh.
Sílim nár shiúil an duine
an dúthaigh dhearóil seo riamh
go nochtann seanchairéal romham
fágtha, fásta, foirgthe le síoda móna
sraitheanna gaineamhchloiche scoilte
ina leaca rialta ar an urlár thíos;
ag bun na haille na poill tóiríochta
do na pléascáin a réab an charraig
's níos cóngaraí fós dom deinim amach
taibhse dhoiléir inscríbhinne –
ceannlitreacha na bhfear
a d'oibríodh ar an láthair tráth.

Leanaim loirg chrúibe an fhia bháin
ar an gcosán romham, á ngrinniú
nó 's beag ná go gcuireann siad
na crúba scoilte deiridh isteach
i rianta na gcrúb tosaigh;
téim thar bhuailtreach an tsionnaigh,
an chait crainn is an bhroic,
cloisim scread na riabhóige móna sciobtha
óna nead sa bhfraoch ag an gcromán móna
ach má chuirim mo bhundún dearg amach
ní thig liom loirg na gcairéalaithe
is an sliabh neamhcheansaithe seo
a chur i rím le chéile.

Ionsaí

I ngairdín theach na ngealt
Dheineadh sé pictiúir
Ar chrainn faoi eidhneán,
Feileastram chomh gorm le *lapis lazuli*
Péacáin bhuí is lilí breaca ina scaotha
Ar a chanbhás go raibh air éalú ó stoirm
Na ndathanna ola bhí ina chaor thine ar a thacas.

Chrom sé ar ábhair níos faide amach,
Páirceanna cruithneachta is poipíní dearga,
Préacháin ag rámhaireacht os a chionn
Ar tí tuirlingt air ó spéir
Ar dhath ubh an chlochráin
Nó ag déanamh ionraí óna bhfaraí
I ngarrán olóige is crainn chufróige
Ach bhí air éalú arís.

Ag dul chun síogaíochta faoi dheireadh
Ní fhaca sé ina intinn ach murúch ollmhór,
Draidgháire uirthi ag sméideadh air,
A fiacla mar a bheadh fiacla liamháin gréine,
Gainní méarnálacha chomh niamhrach
Le gloine dhaite na naomh san eaglais;
Diaidh ar ndiaidh bhog sé anall ionsuirthi
Go raibh sé beagnach i leaba a béil.
Bhí sé réidh chun í a phéinteáil.

Lámh an Photaire

Tromluí thart timpeall m'óige
An balbhán ar an gcosán
Nach ligfeadh dom dul thart,
A thug liúdráil de bhata don fhear
A tháinig ag cuidiú liom;
An ghealt mná ag bun na sráide
Scáth báistí á bheartú orainn
Gur scaipeamar mar luchóga soir siar;
Agus Chester lena gháirsiúlacht chainte
A dheineadh luíochán orainn
Ar ár mbealach abhaile ón scoil,
Nár thug sos ná suaimhneas dúinn
Go raibh sé ag comhrá leis an mbás.

Ba í an leanbh óg ina phram
I ngairdín samhraidh fadó
Ba mhó a sceimhligh mé.
Níor thuigeas in aon chor
Go bhféadfadh lámh an Photaire
Crith ar an gcaoi sin.

Na Lachain

Is cuimhin liom an lochán sin,
glóthach fhroig earraigh ann,
gnáthóg na snáthaide móire
'[s](#) luachra faoi bhláth sa samhradh,
is mar a reoigh sé chomh crua, crua, san
geimhreadh amháin ár n-óige,
gur lean ina chlár oighir feadh míosa,
muidne ag scátáil air de shíor.

Ansin, lá n-aon, grágarnach lachan,
buachaill sé bliana, gach liútar éatar as,
ar an oighear sa tóir orthu;
chualamar an briseadh, mar a bhrúisc
na spiacháin oighir aníos;
plobarnaíl an pháiste faoi uisce
caoineadh a mháthar á tharrac amach
is á iompar ina baclainn abhaile marbh.

NOCHTADH

An scéal amuigh air,
Méid na mí-úsáide a bhain sé as páistí
Thar na blianta sceite ó bhéal go béal,
Dhruideadar ina bhfalang timpeall
Chun fóirithinte air.
Is anois an páiste i bparlús snasta an chlochair
Ar ar imir na mná rialta feall
Ag glacadh le cuairteanna an tsagairt uirthi
Nuair b'fheasach dóibh cad a bhí ar siúl.
Is gíog ná míog ní raibh ón seomra iata sin,
Scread léanmhar an chailín maolaithe aige
Nuair a thráigh sé í, spioróg fhíochmhar
Le colúr ina chrúcaí.

D'aistríodar ó thír go tír é,
Ó fhairche go fairche,
Ó chathair go cathair,
Eisean ag smúrthacht thart
Ar dhorchlaí scoile
Is bardanna ospidéil ar thóir a chreiche
Barántas i ndiaidh barántais air
Scaoilte thart ag feitheamh ar fhreagra.

Níl smid le cloisint na laethe seo
Ón mainistir ar an gcnoc
Ach éagaoin na gaoithe
Faoi na sceimhleacha;
An t-ab a thug dídean don sagart in earráid,
Mearaithe leis an gceist,
Éirithe as a phost,
Ab nua i réim ag impí maithiúnais orainn.

FILIMÉALAÍ

Dúil chráite agam i bhfiliméalaí,
chromainn amach trí fhuinneog m'óige
ag éisteacht trí fhuaimeanna na hoíche
go gcloisfinn éan na bhfilí,
éan na scéalaíochta, éan a mheall banfhlatha
óna gcodladh le solas na gealaí,
go fuinneoga comhla, infhillte le seasmain,
ach níor airíos riamh ach traonaigh
ag glaoch dá chéile ó na láithreáin féir.

Shamhlaíos an t-éan draíochta ag canadh dom
áit éigin amuigh ansin sa dorchadas,
a chlúmh ag crith le cumhacht agus díocas,
méid agus réimse an amhráin chéanna
a ligfeadh chun dearmaid mé ar nós Keats,
leis na duanta binnghlóracha sin
a bhain barr ceoil ar chuile éan eile.

Ní raibh a fhios agamsa ag an am
go raibh na héin san ar dhath an donnrua
's nach amháin i ndorchacht chumhraithe
oícheanta mhí an Mheithimh a chan siad
ach i lár an lae ghil nuair ba mhian leo.
Ní raibh a fhios ag m'óige
nach raibh parthas ar bith ann
d'fhiliméalaí an tsaoil seo,
go raibh orthu neadú i sceacha deilgneacha,
seachas craobhacha órga na filíochta,
d'fhonn a n-uibheacha is a mbeatha féin a chosaint.

Anois, is m'óige ag seargadh ionam
tost na bhfiliméalaí báite ionam
na traonaigh féin i ndeireadh na déithe
díbeartha ó na cluainte go calaí na Sionainne;
chuala aréir go soiléir trí m'fhuinneog oscailte
scread scáfar na scréachóige reilige
ag eitilt thar thalamh dearóil.

Díoltas na gCág

Cloisim iad ar dhíon an tí
Idir crocaí na simleár
Ag pleanáil leagan amach
An cheantair eatarthu féin
Ag aighneas le chéile
Maidir le déanamh,
Tiús líneála an nid,
An t-ionad caothúil le haghaidh faire.

Mo dhóthain mhór agam de neadracha,
Grága scalltán, cága ag tuirlingt
I gcith súiche ar mo thinteán,
Deinim miongháire ag éisteacht leo,
Táim réidh chucu i mbliana
A fhios agam go bhfuil cochaill simléir
Daingnithe go dlúth agam sna crocaí.

Ach leanann an neadaireacht,
An teacht is imeacht
Seachtain i ndiaidh seachtaine
Iad ag caitheamh ábhar na mílte nead anuas
Trí bharraí iarainn na gcochall
Go mbíonn spriosáin, cipíní, cleití,
Conamar nuachtán, cruachta ina gcnoc
Laistiar de ghaothaire an bhruthaire
Is nuair a théim an doras amach
Bím leathbháite in uiscí is iad á n-iomlasc féin
Sna gáitéir faoi sceimhealacha tí.

Pictiúir

Cad í an bhrionglóideach a bhíodh orthu
Na mná ab áille lí a stánann amach orainn
As seanaphictiúir ó aois atá thart,
Coiléir lása ag maolú a ngúnaí dúghorma,
Cuachóga veilbhite mar ghlasfhraincín ar mhuinéil?

A gcuid éadan chomh modhúil le huan caorach,
Aghaidheanna ubhchruthacha gan spionnadh,
Eití a gcuid gruaige snaidhmthe ar an mbaic,
Suíonn siad chomh díreach le gáinní
Ag deasca scríbhneoireachta
Litreacha cumainn chuig leannáin ina lámha.

Deinim iarracht teacht ar a siosamar taibhsiúil
Ar na baothbhriathra mealltacha
Lena ndeineann siad suirí,
Rachtanna a ngrá curtha i bhfáisceán,
Srianta go daingean faoi iallacha cóirséide.

Ach, luíonn na litreacha gan oscailt,
Na leannáin gan radharc orthu,
Gnúiseanna marbhánta na mban
Mar a bheadh tarraiceáin rúnda
Na heochracha i bhfad caillte orm.

A Cuid Féin ag an bhFarraige

Ag siúl dom idir dhá mhuir,
Ar mo dheis chomh ciúin le linn,
Bristeacha garbha ar mo chlé,
Airím súile nach dtagann iamh orthu
Ag cuardach abhus is thall –

Súile caocha seanphost faire
Fad áirithe ó chéile ar an gcladach,
Ciúinroisc Chríost ollmhóir
Ag bun na cé dúdhroim le tír
Ag folamhstánadh thar farraige,
Biorshúile leictreonacha ag iniúchadh
Chuile chuas is góilín mara.

Chím an reilig ar an gcnoc
Mar a luíonn siad
I ndoimhneacht triúir
Duine ar mhullach duine
Sa chré dhearg,
Na *wetbacks* ón Afraic
A d'éalaigh óna dtír féin
Ar an doimhneas i mbáid lochtacha
I ndúil go sroisfidís tír tairngire
A bhí le feiceáil ag bun na spéire.

Samhlaím iad, caite mar fheamainn ghaoithe,
A gcuid brionglóidí báite leo
I measc mhuirchur is allagar na bhfaoileán
Ar thránna geala *Tarifa,*
Súile caocha seanphost faire

Ar nós na réidhe iontu,
Ciúinroisc Chríost beag beann orthu,
Na súile leictreonacha ag síorsheiceáil
Nár éalaigh duine ná daonnaí
Síos sráideanna cúnga an bhaile poirt.

Imbolc

Mí na bhfaoilleach,
Buí na haitinne ag lasadh
Leargán sléibhe is cnoic,
Téann Bríd ar foluain thart
I ndorchadas oíche
Ag beannú an gheamhair ag gint,
Bachlóga ag sceitheadh ar chraobh,
Ag líonadh le bleacht bainne
Úthanna bó, caorach is gabhar
Is ag ligean a hanáil choimirceach
Ar bhratóga éadaigh chuile theaghlaigh
Fágtha amach faoin spéir roimpi.

An bheannacht faighte acu,
Níor bhaol dóibh sciobóil ghortacha,
Déirithe gan im is uachtar,
Ná toircheas lasmuigh den chuing,
Na bratóga gearrtha is fuaite go daingean
I mbaill éadaigh a gcuid iníonacha
Le nach gcaillfidís a maighdeanas.

CHICHÉN ITZA

Ina bhfothrach go hard os cionn tíre,
Sciobtha ar ais ón bhfásra teochreasach,
Sealbhaíonn an saol atá thart mé,
Na pálais, na teampaill, na colúin phafaraí,
Na pirimidí, staighrí chun na ndéithe
Tógtha go cruinn i dtreo na gceithre hairde.

Bheadh sé éasca go leor dom dul ar maos
Sna matamaiticeoirí gona bhféiliirí casta,
Na réalteolaithe is sagairt
Ag mealladh na gréine chucu,
Na déithe fuilamplacha, cíocrach de shíor,
De shíor ag éileamh cúitimh,

Go n-airím féin, púicín orm, i dtámhnéal,
Lámh strainséara dom ghiollacht aníos céimeanna
Go dtí altóir na híobartha ar an mbarr
Is is éigean dom cúlú ar an nóiméad lom
Le go mbeinn teasairgthe ar an aothú,
Ceol hiopnóiseach ó na hoirfidigh
Ar thrumpaí sliogán is ar thambóiríní,
Drogall orthu ligean dom éalú.

MISE, *SHIVA* AGUS AN DAMHSA

Tiarna an damhsa é
A ghuailne chomh leathan le guailne fir,
Chomh seangchomach is a bheadh bean,
Rithim is grástúlacht ina ghéaga
Is é ag rothlú ar chos amháin,
A chiabha seodracha ina dtrilseáin
Maille lena éadaí ag sileadh
Go slaodach ina dhiaidh.

Inniu lá Earraigh tá sé tagtha chugam
Óna áitreabh sneachtúil sna sléibhte os ard,
Gan ciach gan mairg air
Ag déanamh fiodrince ar bharr aillte
Go hard os cionn cháitheadh na mara,
Ag damhsa sna foraoiseacha,
Ar bhóithre is ar bhruacha aibhneacha.

Imcheangailte i bhfáinne tine
Baineann sé pramsach as an rince,
Fonn air mé a mhúineadh,
Sméideann sé orm é a leanúint
Ach chím scáintí ar leathadh fúm thíos,
Éislinn ina bhfiuchann lathach slinnghorm,
Mar a scairdeann sulfar is ruibhchloch
Is diúltaím damhsa leis.

Cluichí na nDéithe

Im mharbhán le teas dheireadh an lae,
Faighim dídean ó ghluascarnach na stoirme
Ó roiseanna toirní, aimhe na tintrí
Ag áibhliú spuaic eaglaise, seantithe,
Ghéaga teasctha cnapánacha na gcrann.

An dorchadas ag teacht, an domhan ag titim,
Aghaidheanna marmair ag stánadh aníos
Ó ghrinneall na farraige,
An bás ar guairdeall sa spéir,
Na milliúin beach báite ina gcuid meala féin
Uibheacha neamhoirchithe na n-éan,
Teifigh, a dtír tairngire sroiste acu,
Ar seachrán sa cheo ar fhiacail aille
Ag dul le fána de dhroim na carraige
Chun imeacht leo ar lán mara
Gan a rian fiú fágtha ar ghaineamh.

Amharcaim ar na splancanna tintrí,
An sciurdadh ó dheas go clé, ag fógairt
Go bhfuil na déithe dea-chroíoch anocht,
Nach bhfuil ann ach inlíocht an turas seo
Iad ag ligint orthu nach gcloiseann siad
Dream i mbun comhcheilge
I gcistin faoi thalamh ar chúl na gcrann.

Éagnairc Do Mhonarcha Thréigthe

San áiléar dom, foichí is cuileoga
I gcoinne gloine i ndordán an bháis,
Fairim ar na sadhlanna móra thall
Faoi spéir smúitiúil an tsamhraidh,
Ar sheasamh deireanach an stórais siúcra
Ina dhris chosáin anois idir muidne
Is cnámha loma na gcreatlach laistiar
Mar a mbascann innealra meilte
Na dtreascróirí go brus bruair
Coincréit na mballaí cuibhrithe.

Ní chloisim oiread is macalla
Den fheadóg monarchan a ghlaodh
Na céadta ar uainíocht oibre chuici;
Níl taibhse ann den ghal ag éirí aisti
Mar ghinid ghlinne go néalta
Is í mar a bheadh línéar farraige
In aon bharr amháin solais
Ag seoladh fheachtaí na hoíche.

Teacht an gheimhridh, glasreo ar talamh,
Snámhfaidh an Bhearú go lánbhruach thart
Ar shuíomh bánaithe, leacaithe,
Réidh do na foirgneoirí gona n-óstáin,
A n-oifigí, a dtithe, a meal siopadóireachta.

Aimsir scáileanna é, cuimhní is scéalta báite,
Aimsir na marbh is gan de bheo ann
Ach éin ag éagnach ó na murlaigh láibe.

FIACH AGUS FIANSCAR

Tá banríon an uaignis sa phroinnteach anocht
ag grinniú do chártaí creidmheasa
agus do vallait thiubh á hoscailt agat.
Ní fheiceann tú an *gel* ina cuid gruaige,
taisleach an tobair ar a craiceann geal,
mar a luíonn fíochán scáile ar a haghaidh
is í ag déanamh sutha di féin
ar stéig mhairteola is sceallóga prátaí.

Beag beann ar an rud atá ag déanamh
cumháin dá croí, táir ar tí imeacht
nuair a labhraíonn sí leat i nguth
chomh tanaí leis an ngaoth
go mbraitheann tú nach bhfuil tarraingt
na gcos ionat, go bhfuilir ag dul faoi uisce
go grinneall gainmheach pábháilte
le cártaí creidmheasa, le fóin phóca,
le cnámha snasta na bhfear báite
a mheall sí chuici féin thar na blianta.
Oíche mhaith, a deireann tú, snag anála ort,
anáil na banríona chomh sreabhnaí
le fiailí uisce ar chuing do mhuinéil.

Swimming with Pelicans

HOMECOMING

A pattern of white feathers –
a runic scrawl on the doorstep –
brought me up short on my return;
was it the Pentecostal bird himself
earthbound and blown off course …
a votive offering from my loyal cat …
the crash of a bird on a window pane
reflecting some feathered temptress?

I sensed a filament of fear
thread the bruised sky,
turned in the stone-still silence
to a dead pigeon on the grass
beneath the robinia tree,
saw the swoop of a sparrow hawk
to recoup his too heavy prey.

A world of death swam through me,
leaf falling on dead leaf, bone on bone,
all those migrating swallows,
their skeletons lining ocean floors.
I saw death winkle life from shells,
dive on cradle, burrow and bed,
strafe roadfuls of refugees
on the run from their cold bread-ovens,
their blood-spattered streets.

Always heed the signs the old king
in the story told the boy
who studied the flight of hawks

but I, with no mind for signs or portents,
bang the door shut on forebodings
that crowd in one after another;
there is work to be done inside,
a poem to be written, a meal to prepare.

THE AMERICAN DOLL

Porcelain-faced, befurred and gaitered,
a wide-eyed alien in all her finery,
she stood amongst meat platters and jugs
on the top shelf of their kitchen dresser.

Day after day I coveted her, spurned
my own doll's shabby checked dress,
her raggy smiles and woollen plaits;
but Josie said American dolls weren't
for playing and I didn't dare ask
Mrs. Kennedy reach her down to me.

Nights, going to sleep, I dreamt of rescuing her
but the dresser kept turning into a cliff
with me left clutching an overhang
in pounding rain above mountainous waves,
a gull's porcelain egg always out of reach.

In the end, she was magicked away
to a cousin's house in town.
The turf smoke was playing havoc
with her delicate complexion Josie said
and the smell off her furs was wicked.

I've carried her with me down the years,
dreamt her a place high on my pine dresser
amongst dried flowers, wooden babushkas,
the discards and *bric-à-brac* of auction rooms,
and as the hours pool at our feet she continues

to stare out past me from that shelf where she stands
forever befurred, untouchable and alone.

Petticoat Loose

It was clear she was everything
a woman shouldn't be.
Six foot tall and tough as nails.
She worked her father's farm,
had her hedgeschoolmaster lover
murder her husband in a meadow,
drank beer by the gallon
with the neighbouring workmen,
outstepped every man on the floor,
spinning and twirling in a drunken dance
until dawn snuffed out the moon.

After death she turned up
outside dance halls and weddings,
sat on a pier in the yard
to tap her toes to the music;
squinted through windows
nose pressed against glass,
locking eyes with the dancers
in their passionless frolics –
the same ones who had laughed
and mocked when, caught on a nail,
her buttoned skirt burst open,
leaving her petticoat loose
to spin in a frenzied dance.

She had died without a priest –
no priest even for her burial –
so now they knew she was a witch
travellers armed themselves
with holy relics and hazel sticks

for protection as she waited nightly
to hitch lifts in their horses and carts
along dark country roads until
a priest, pitying their gaunt faces,
their horses bony with fear,
drenched her in holy water,
condemning her for an eternity
to empty with a thimble
a bottomless lake in the hills.

Santa Elena

The sky above so blue, so Sunday blue,
his shirt cloud-white,
he stands outside the church on the hill
a crazed prophet bellowing his outrage
over the half-empty streets
where people, not knowing what to do,
scatter from his distress.

His whole life, if I could decipher it,
is written in the sandy village wasteland
tucked under the shadow of the spire,
his narrative blurred by strutting pigeons,
and the scuffled footprints of ball-players.

I start to climb the steps upwards,
head for the quiet sanctuary
of the incensed nave behind him,
putting a space between me and him,
of what I see of him in me.
I hurry past his fevered rant,
away from where his anger writhes,
spreading like blood under the hot sun.

Now the police come to handcuff him
bundle him into a van
leaving behind an unnatural quiet
and I wonder what crazed him,

if he had drunk bats' blood or was it
the image of the four skeleton children
unearthed from the crypt floor
on show in the church museum.

Months later I try to picture again
that sky so blue, so Sunday blue,
but his figure swells, takes over,
becomes a darkness winging out,
a black gibbet against the light
eclipsing people, houses, streets,
pale buds on the cherry trees,
his wounded words inert in the gullies.

A Dream of Skies

White against January clouds,
long necks outstretched,
five swans claim my sky.
I seem to know by heart
their cold enchanted song,
the way their heads drone
with wing-beat, summons of water,
their fine skeletons fated
to stencil a lake bed.

That insect now threaded
between slats on my garden seat
woke with a dream of such flight
in its gold metallic eyes,
in its pulsating impatience
to cast off a chrysalis
tied to a hair-thin antenna,
a ball and chain grounding it
from its one-day life.

And those begoggled young men,
aces of war, who took to skies
in fuselages of bird-shaped wire
and painted canvas,
lawn-mower engines to bear them
zigzagging, tail-chasing,
notching up their kills,
did they know panic
in the stall, the splutter,
the final dizzy reel?

MISSING

Here the cries of bog and mountain birds
tune the skies to a lament
over the wide flanks of hill
where I tread cotton-grass
beneath clouds too thin to cast a shadow
on a place already shadowed,
where I must shy away from furze bush,
blackberry brake, thickened hedge boundary,
fearful to peer into darkness
lest I see a hand, a face, a collapse of bones.

There is a restlessness in this land,
whispered things in the wind,
the missing unburied, or in shallow graves,
reach out beyond their death hours,
longing for form, their shining lives
hear my hurried feet move on.
and dog my steps, those bright girls
with satchels of college notes, mobile phones,
armfuls of Christmas presents.

Jo Jo last seen at a phone box in Moone,
Ciara, Claire, Deirdre, Isabella,
and Annie turning the corner
at Johnny Fox's pub, near the Dublin mountains,
thumbing down the final hitchhike.

NOWHERE TO GO

I hear their shuffling feet
fill the road from edge to edge;
old villages swim in their eyes,
their stories melt into the land
until there are no words left.
Heavy with private tragedies,
no sense of the long miles travelled,
they scarcely see the countries
they pass through, the weedy rises,
tides of sunlight rippling the fields,
dishevelled larks on barbed fences,
bombed houses, shattered barns.

They trudge uncertain stones
through silent mountain passes;
drag hand-carts, parents, babies,
over rocky ground to safe deer-paths
down, down to the final valley.
Too late they sense danger;
pick up on the scapegoating,
the plotting against them,
try to shape and reshape themselves,
parachute like winged seeds for cover.
Where else is there to go now
but wait for the shatter of glass,
the jackboot, detention camps?

NUMBER 11

A woman is dead in that house,
you'd know by the way it claims
no right to the light; the way bees
crash like hail on its window panes
lured to the throats of florist lilies
in the cold front room.

You'd know that house is listening
for words the sea shaped round it,
an indecipherable morse half-lost
that the woman tried to grasp
from between foghorns and bell-buoys
the night she dreamed the sea,
all night the sea that tossed her
netting her at dawn like a strangled bird.

Now crows come in twos and threes
from their high nests in the winds
settle on gateposts, flank the garden path
to pay their respects, perform crow rites
like black-shawled keening women,
their shadows a dark paving
between them and the house.

Marks

This circling plain
splotched with woodland,
wind-rippled corn,
sunflower and tobacco fields
is where early people hunted,
cared for their children,
grieved their dead.

Sitting in a greenish light
amongst sparrows and picnic crumbs,
I study trunks of holm-oak
engraved with decades of initials
intertwined with hearts
and think of that need in us
to leave our mark on things,

the urge to write our names
with sticks in wet cement,
pencil them behind wallpaper,
spray-paint them on trains,
the gables of derelict houses
and the underside of bridges
frequented mainly by bats.

Others on this land aeons ago
anxious to leave their mark too,
before a lettered alphabet began
or known language to mediate their world,
groped their uncertain way
through cramped passages

past sheltering honey-bee and owl
into the chalky limestone caves
beneath this tufted grass

where, chewing charcoal and ochre
into a paste with spittle,
they projected themselves
onto the bare rock wall
in a painted riot of leaping things
half-human stags, bison and wild boar
hooves flying in an endless flight
through an underworld
whose dark echoes ours.

Villa San Michele

I pass the eateries, the tourist menus,
the long line of souvenir stalls,
reach the cliff-top and the house
you built as a sanctuary to the sun
standing like a Greek temple
all light and air above a sapphire sea.

I think of you digging the foundations
for the huge arches of the loggia –
the soul, as you said, needing more room
than the body – see you ogling those girls
with swinging hips and laughing eyes
who carried the earth away in great baskets
on their heads, and you, pulling
an emperor's columns, capitals, heads
and scattered limbs of statues from the sea.

It had been Mastro Vincenzo's garden once
before he aged and went to live with his son.
He worked so hard to clear the land,
split columns for steps, flung the marble
he didn't want over the precipice to make room
for his young vines, his lemon and fig trees.
And stumbling on an underground room
he could revamp as a water cistern, he scraped
and scrubbed for days to erase those dancers,
crowned with flowers and bunches of grapes,
leaping stark naked across the walls.

Moving through your house,
the rooms cordoned off with crimson rope,
marble busts and bronzes of god and emperor
staring from their plinths in the unflinching light,
I see a coin stamped with an imperial head,
the one you must have retrieved
from a tireless chicken scratching in the dust,
and all those carefully garnered mosaics,
fragments from a fallen world you made yours.

Any moment I expect you to come in the door,
shielding your eyes against the light
you once worshipped, whose surfeit now
blinds you with pain and darkness, makes you long
for the ease of twilight, the subdued glow of stars.
Outside I see a bird soar. It is your skylark flying
over gardens fragrant with myrtle and rosemary
over alabaster rubble and groves of cypress
where somewhere a lizard blue as the sea
still guards the golden treasure of Tiberius.

Homage to Blake

I lose my bearings,
stagger this way and that
through a snowstorm of light
until steadied at the point
where crossbeams meet,
I watch disjoined letters
of a million words
orbit like tiny planets about me,
a code of dots and dashes
brilliant as stars flashing off
a spinning mirrorball,
dissolve like a summer's day
on the edge of darkness.

I try to piece letters together,
form a single word
for they are all there,
Urizin, Luvah, Jerusalem,
babes and chimney sweeps,
the charter'd Thames and streets,
but, I might as easily piece
a jigsaw of falling snowflakes,
the words, flying and whirling
as the poet would have seen them
rise from the page when written
and fly about his room.

In The Courtyard

Cloisters lit with dappled sunlight,
a gaggle of geese like Juno's sacred birds
honk and flail their wings
around the courtyard pool.
I smell their damp feathers,
back off from their warning,
from the darkness of the church
I've left behind me,
the long bony faces of saints,
their staring eyes,
a Christ's struggle
to break free from his cross,
body straining, knees bent,
legs flying behind him.

A Leaking Roof

I lie awake for hours,
the darkness spattered
with rain plopping
through the ceiling
to a bucket on the floor
and think how perishable
the roof, bricks and mortar,
the bedrock of this house;
how I grow ill at ease
with cruising birds,
crow dances on the roof,
the swagger of pigeons
closing in on the house
planning homes in the rafters,
mountains of dung
in the red-tiled hall;
how I watch seedheads
fatten, puff themselves up
to parachute through chinks
in every slate and window.

I freefall through darkness
to the plopping silenced,
the bucket brimming;
open the door to a sun
hurtling through cloud,
trees creaking in their joints
and half-song, half-talk,
the rinsed voices of birds;
children's voices over the hedge,
their mother calling, calling,
the house solid behind them.

Stillbirth

All during spring, anxious
lest I lose a second of your life,
I swelled with bulb and bud,
the dizzy sap rising in me,
your pulses echoing
in every hollow and harbour of my body.
I could hardly wait for you to lie in my arms.

I was astonished at how earthed you were,
how linked and bound to everything,
your face reflected in every pothole,
hair woven through white braids of clouds,
your eyes gazing at me
from the hearts of daisies,
the flame of your life like a fire
in the ribs of stone and leaf.

Had I been humming quietly,
crooning you lullabies
instead of singing lustily
at the top of my voice,
I would have noticed your retreat from me,
the way you fluttered like a sparrow
against the bars of a cage.
Too late I heard your death-wail in my guts
echoing in the pulpy marrow of my bones.

They told me to take a photograph of you.
told me to look at you
when I didn't want to look, speak to you

when the talk would have been one-sided.
They told me to dress you in a white babygrow
when I had only ever planned to dress you
in purple or the saffron of the crocus.

These days, it is the invisible things
that attract me,
the wren's nest, dark in the yew tree,
the map of roots clamping stone
and soil under the lawn,
the pull of underground rivers,
the treacherous rip-tides of my own body
that snatched you from me when I was off-guard.

THE LAST ROOM

She lives in a strange place,
a windowless room of the mind
where she gropes after words
the way she might a Zimmer-frame,
where outside voices come and go
like sounds from the bottom
of a subway stairwell.

Do you know where you are, Mammy?
Are you comfortable, Mammy?
Warm enough on your shoulders?
For I feel an old coolness
coming from the window.

She is St. Therésè, The Little Flower
churned up in a glass orb
amidst a blizzard of snow petals.

There were summers once –
blue days with no horizons,
the sun of such density
you could see no angles of light,
flour bags bleaching on the hedge,
her mother white in the kitchen's dark
her father dark against the fields.

She got a permanent wave,
a necklace of red glass beads
for the shiny studio portrait –

a reminder to her intended
posted back from New York
where she counted the slow dollars
she would bring to her marriage.

Downstream, the river goes down,
far away from its source,
flows over nurseries of young fish,
rushes her through canyons
to a jagged-toothed coast
where long-beaked birds
break into flight on the earth's rim.

THRENODY FOR JOY

i.m. my friend Joy Corish

Now that the seasons overlap again
and her time on earth has passed,
I learn forbearance from her long wait,
stoically pile more coals on the fire
when the sun blazes its pledge of spring
into every cleft and cranny of the land
or breaks in the throat of robin and thrush
only to backtrack in haste before slingshots
of icy hail hurled by winter's venom.

Everything is much the same as it always was;
the sullen Barrow brims at the end of Cox's Lane
mad to defy the engineers and burst its banks;
the Monday market at the Town Hall carpark
has folded its awnings and driven away,
unyielding traffic piles up in Dublin Street
where women whisper after Mass
beside the railings outside St. Anthony's,
she died ... God rest her ... so long drawn out ...
... a hardy woman too ...

I think of her resting place in from the main road
way past the Travellers' graves at the entrance,
with their splurge of artificial crimson roses,
the nuns' humble markers, inches above the ground
the priests' tall crosses and soaring angel wings,
and my mind fills with the blue-flowered sheets
that wrapped her in death and later
dripped so abjectly on the clothes line
now billowing for her like triumphant flags.

I'm lucky, she told me as she died,
I'm nearly there now.

THROUGH A GLASS

She watches the scene on the monitor dissolve,
smudgy lines crisscross, collapse and gather
to a grey mist, bleak and unforgiving
as the dingy sky that swells outside the window.

This is her future, her crystal ball. It is now
a matter of waiting for a clearing, a telling;
much like searching for Hale-Bopp or Mars
in filthy weather that hasn't yet been forecast.

She closes her eyes, wills herself to calm,
dreams up summer plantings, all those fountains
of leaves, blue felicia, plum purple succulents,
the child's hand clasped in hers.

A gowned doctor pushes the scanner
around her belly, studies the swirling screen
where no arms wave, no bird-heart flutters.
The picture clears. She scans the empty pod.

Swimming with Pelicans

Behind me a path meanders through sand
riffled by jay and mynah bird;
before me a sky of unremitting blue,
a white shore sloping to a turquoise sea
where pelicans in convoy hover,
break ranks, swim in an open circle
heading fish towards the shallows.

Suddenly I see you oiled and gleaming
slide through the waves
swimming with pelicans
your smallness appearing and vanishing,
like something imagined,
while I stand like a sundial
casting an anxious shadow
marking the minutes until you surface,
turn and swim towards me.

Bird Painter

Screened by leaves, he watches birds
stoop and taste from pools,
observes how they take to the air
in wheeling shapes; perch on the roost
weight pulling on a tendon
that clamps toes firmly to the branch.

Bearing gun and paint-box,
he stalks poplar and hickory woods,
forests of pine and cypress,
where deer and wild turkey flee from him,
and every bird is for shooting,
but with the finest shot lest he mar them.

Evenings at home with his bagging
in a white-painted frame-house,
he sits alone on the veranda
listening to flute-like calls
from the orange groves,
the almost noiseless flight of owls,
and sorts his day's kill
of more than a hundred birds.

Later, in lamplight behind green Venetian blinds
he counts the primary wing quills,
notes beak curve, keel of breast
glowing tail feathers, bright crests,
and wires up the birds so lifelike
you'd swear they were ready to soar
from nests in the trees that cradled them.

His wife pausing outside the window
where light bleeds into the night
from between the wooden slats
that separate them, knows well
how with slow brush-strokes
he may paint to sublimity
the bluish grey plumage of mourning doves,
but can never raise again the song
clotted in their throats.

MUSINGS

What does it feel like to be a muse
light dim on you as you stand alone
in twilight woods, on lakeshores,
stair-landings backed with stained glass,
or recumbent on a *chaise-longue*
your chestnut hair spread wide on damask?

Do you ever have a bad hair day?
Suffer premenstrual tension?
Get the odd pimple on your perfect skin?
See even the faintest tracery of crow's feet
around your enigmatic eyes?
Do you shout, rant and weep at the poet,
swear that dead, you'll tighten your grip on him
until he never writes another line?

Muses have quite ordinary names
like Lizzie, Rose and Maud;
some stand soulful-eyed, intense,
nails virtually bitten to the quick
trying to understand the nature of art
and keep inspiration on tap
when summoned like a genie to the poet's side.
others do nothing but swan around
in jewels, furs and veiled hats
knowing they are the incarnation
of untouchable mystery.

I would much rather be that bird
whose wings ringed in the blue of gold

flew from high in the heavens
to meet the heart of a sleepy poppy
and woke the poet in the man
to a field of diamonds.

Bearded Dragons

for Aoife

I couldn't see them at first
until you pointed them out,
cataleptic, camouflage perfect
where they rested unblinking
against foliage on a wall
that blended their greyness to stone.

You told me they could change colour,
khaki, green, and reddish tourmaline,
according to mood or time of day
that their toes tucked under them
were dragon's claws, the better to climb trees,
that they could dive to water from great heights.

Suddenly I could see them everywhere,
basking on sun-soaked rocks,
foraging together in the leaves,
snapping whip-like tails in combat
on an open grassy space
where ruined temples cast long shadows.

Then I saw the king of them all,
on his throne high above a turquoise sea,
magnificent length stretched on limestone
the spiny comb on his back mustard-coloured,
lichened body-scales and dark markings
an excrescence of the rock where he lay.

And I thought of the art of change,
how we slot into our surroundings,
slip unnoticed in and out of old worlds
turn our backs to a tawny sun
go for dappled shade,
blend into roads and hillsides,
swing like you now in a purple hammock
a bright butterfly netted.

Dreamstalking

He walks by woods and tangled groves,
fields of red clover and grain,
rivers where fishermen reel up and leave,
water-bats swoop and feed;
and treading the pith and marrow of ages,
the life-enhancing mould,
he reaches a space that has no depth,
no horizon where he might condense,
evaporate straight into her dream.

Binoculars pressed to his eyes
reflect no trace of her on mountains
where he pictures her walk beneath vultures,
watching their somewhat green undersides,
how they flex and fan their wings
over the white cemetery
where they smell the marbled dead,
shadow her unsteady steps on the stones
to where the day's blue edge peters out.

A poem shines before him, then boards itself up.
He waits the hand that will unfasten shutters,
a moon to brew light in the writhing branches,
brush the mossy stones where he dreams
her place of no secrets, no scruples, no laws;
yellowed letters bound in brittle ribbon
crumble before he can touch them
he sees her appear in a casement window,
knows that she listens to nightingales.

Bedside Vigil

Not your final moments yet,
your head full of phantoms,
you look for the comfort of words
from old childhood stories,
school text books, their characters
long dead to print.

You remember yellow cups on the table
sun-shadows on the floor,
chalk dust riding sunbeams,
a teacher reading a tale of Lug and Grug,
once upon a time giants
who lived on an Irish hill.

You listen now where memory dies,
try to trap the hoped for words
that blow like mist across your bed
and pool like shining insects
gathered on garden leaves
way beyond your reach.

Memory Places You

When preparing for visitors,
a broom in your hand,
you fell dead on the dairy floor,
I imagined the cream shivering
in the big brown crocks,
the butter you'd salted and shaped
shrouded in white muslin,
cold eggs graded and washed
with bread soda on a damp cloth
in spite of the eggman's warning,
and the last of your breath
damp against the metal churn.

Try as I will to think of you
dressed up in your cherry-red coat
and navy hat ready for Sunday Mass;
cycling across the border to Clones
to smuggle cooked ham for a threshing,
or partying in the kitchen
with returned Yanks in summer,
my memory places you
broom in hand on the dairy floor,
the children finding you there,
unable to wake you.

Baltinglass

The embers of our proud fires
stamped out long ago – digested
into the pith and marrow of this land –
spew up again, blow across your path,
hover in low-slung clouds
over the tonsured hills,
pause in stillness between birdsong
from groves of rowan, hazel and yew.

We have never left these valleys
where once we studied shifting skies,
deciphered croak of raven and scald crow,
lay down on beds of sacred wattles
the better to divine our world.
Ours is the chanting you hear now
where the air thickens and braids to a storm.
Ours is the Kite of Claon-O on his yew tree
gorged with his victim's flesh.

IN THE SALT MOUNTAIN

A door in the mountain opens
to the floor of an ancient sea
where our voices scuttle for cover
through immeasurable passages
between great salt walls that ripple
with the waves of old tides,
and a forest of stalactites
and stalagmites fuse.

Please don't touch, don't taste, the guide says,
but I can already taste salt on my tongue,
salt, salt of life. Halite, sylvite, carnellite,
earth-tinted, pink and brown and purple
moulded by rain sucked from the surface
to crown each chamber with salt icicles.

We see the marks the miners left on walls,
recesses where they crouched to eat,
a few tools, some shoes, a broken ladder
used for checking water pumps,
unmended, crusted in a snow of white;
and in a niche, Saint Barbara, their patron,
who, mild-eyed, listened to their dying
when the mine collapsed on them.

Outside, crystals wink from the slag-heaps,
day shines on my salt-rimmed eyes
the kippered scales of my skin
and, mindful of that wilful woman
who once turned curious eyes backwards

never to know flesh again.
What can I do but turn a deaf ear
when I hear you call me?

Dinosaur Days

A marsh once lush with palms,
nurturing conifers,
changed now to barren country
where small butterflies,
wings orange-tipped,
and mauves like flying violets
rest in the footprints of dinosaurs.

I think of Dan Donnelly,
myth of our childhood,
that great bare-knuckled fighter
whose footprints in the Hollow
near Kilcullen, we stared at in wonder,
like those of pygmies now
beside the stride of Titans.

And in this day so calm
amongst Riojan hills
circled by vultures,
the stamp of beginnings,
I feel the aeons settle
like a deadweight around me
crushing me like a fossil
into a stony crevice
between the toes of dinosaurs.

The Ways Of Rivers

The Burrin flows quietly
through the long June days
the short white nights,
quietly between banks
where no willows give shelter,
no swallows dip or swoop,
where new apartments soar,
repeating themselves
tier upon tier by the water's edge.

He was two and a half
with no knowledge
of the ways of rivers
when he pushed open
the for once unguarded door,
left their voices trailing behind him
and toddled off to find out
about water without end.

Tonight, in the new restaurant
I watch the Burrin through glass
scarcely a ripple on its skin
flowing so quietly past,
and think how darkness like winter
spread out for the child,
how his mother's screams
numbed and drowned in him
how she packed up her life
her memories all pared down
to the ache of his heartbeat under hers.

Etna

The mountain wears a hat of clouds
well pulled down over her eyes –
a sure sign of the first snow they say.
From the valley she seems so quiet,
so blue. I can scarcely believe
the greyness when we reach her,
the wheeze in her fiery lungs
the moaning in her belly,
all that confusion of ashes,
cones of eruption, the steam
and vapour from her girdling vents.

Like raptors we tense ourselves
for the plunge, land on her
with camcorder and camera to take
pictures of her dark lava fields,
beds of tufa and lapelli,
her narrow furrowed ravines;
but she sends great winds to prise
the lenses from our hands,
sweep us clean off our feet
and I run hotfoot in fear
from the frenzy in her.

It was not at all like that night
when like a goddess I straddled Errigal,
my huge legs dangling on either side of her,
I gazed down over steep precipices,
quartzite facings brilliant under a full moon,
glacial boulders and heather fields
racing away from me, the great sweep

of coast from Knocklayd to Benbulbin
stretched out in homage before me,
and the mountain feared me.

Screensaver

Never having been outside myself
in quite this way before,
I am like a press that squeezes oil from seeds,
condensing each last detail of me as screensaver.
My back turned to the camera,
I am walking down some narrow street in Córdoba
where red geraniums tumble from balconies
and shadows pattern the ground like water-silk.

There I am beneath an ornately-bracketed lantern
in a strange midday silence under a blue ribbon of sky
forever walking past No. 22
never getting closer to the figure of a man
in his own space at the end of the street
one foot on a doorstep poised to enter a house.
He must be smelling fresh bread, garlic, cheese.
I think I am smelling oranges.

The images are all there, the sunburnt sky,
the walker, the flowers, the summer's day,
but now the scene changes, dissolves to language
the way music reshapes itself in pictures
and I begin to chase a riot of words in my path,
pocket them from shadows at the base
of houses, disentangle them from ironwork
hieroglyphs
on window grilles and courtyard gates.

Almost unknowingly I take off,
disappear into another time,

walk in a place where there is more sky,
where curlews call to each other through the dark
and I am striding over grass towards the planets,
never getting any closer to Mars like a golden lamp
trapped in the fork of an ashtree.
I think I am smelling oranges.

Out To Pasture

For years he was there, mane-tangled,
off-white against every season's light,
a shaggy *púca* from the underworld
neglecting to vanish at dawn
with other things of the night
drawn as he was to mortals
thundering by hell for leather
in articulated trucks and shiny cars.

Day after day, eyes greened with old paddocks,
years hobbling his flailing hooves,
he watched without whinny
through a breach in the stone wall,
seeing over and over again
the same cracked concrete road,
the corner towards the new bridge,
the same tailback at the Athy roundabout.

It was as though he couldn't get enough
of revving engines, flying wheels,
reek of rubber, pulse-quickening exhausts,
and all the time the slow damp rising,
rising from the sodden grass
through arthritic legs and juddering flanks.

Until it seemed in the end he became all machine
throbbing, counting, clocking up the miles
feeling the earth race beneath dead hooves,
the long rides towards the stars
not knowing that before lilacs came
he would drop like a lark to the long grass.

The Children

I lie in the darkness,
listen to a gusting wind
feed and fatten off itself
until it explodes in a full gale
that thunders under the eaves,
topples the wooden fence,
rips branch from branch
and screaming root from clay,
splitting a second into limitless
pieces so the night seems endless.

Then at dawn all goes quiet
but a quiet breathing uncertainty;
no wingbeat of magpie
or anxious thrush against the wan sun
that lights the ravaged garden,
trembles in the shade where grass
grows thin under the hedge,
lingers on my small birthday tree,
the splintered wood along its length
the raw white heartwood.

All day we saw and pile and cart away,
and the children, knowing that
storms are brewed up by witches
loosening knots in the corners
of their grimy handkerchiefs,
race from the house with paper streamers
to tether the wind again,
a riot of purple, turquoise and green
tied to the boughs of my battered tree.

Her Eden

She fed off her dreams,
their sameness heartening;
the house in the country
where happiness unfurled
from attic to basement,
spilled like an enchantment
through doors and windows,
filtered out along garden paths
edged with hyssop and catnip
to an orchard always in fruit,
her own blackbird on a branch
a cherry eternally in his beak,
her parents laughing with her –
father so handsome and brave
in the glow of the parlour light –
the mother she could never let go.

Years frittered away
outside their high iron gate
were rimmed with hoarfrost,
a furrowed wasteland
scored with torment,
evenings cold and black with birds
around the narrow town house
where she languished
beside the lustreless man
she should never have married,
whispered to children she never bore,
wheedling them to come and open
the gate home, swing on apple trees,
tease cherries from her blackbird's beak.

Leavetaking

Like ships' figureheads, at dusk
folded blue parasols face out to sea
as though they would breast the waves
to where a lazy moon on her back
loiters on a bed of stars;
where spellbinding, a laser beam
sweeps the sky left and right and left
and a lone pelican dives
close to the edge of the tide.

I am here to say goodbye
to things seen and unseen,
the poor in their dusty villages,
narratives of their ancestors
in chiselled glyphs on stone,
a million birds and plants I never named,
those eyeless fish that swim I'm told
deep in the cold layers of underwater caves,
the silence in the great sealed-off halls
rent by wing-beat of swallow and bat.

Now shadows slice the beach,
the moon's burnished mask, an old god
netted in a star-maze on the tide-turn
where a couple of lovers quarrel
voices rising, falling, rising.
Blue parasols anxious for take-off
bell in a sudden breeze
and the sea plumed in its seaweed
coils like a serpent and turns from me
a mottled skin cast at my feet.

THE BIRTHDAY PARTY

Beyond the fence the castle rose
turret after turret, rampart and roof a mirage,
an enchantment against the sky;
no unshakeable fortress this
but one opened wide to summer,
portals emblazoned with purple elephants,
lemurs and green tigers ready to spring.

All afternoon it hummed in its belly,
sent out a scent of honeysuckle,
homing wing-beat, the excitement of dark
luring the revellers to it,
and they came, young girls in twos and threes
to pitch their music at the early stars
and shake the castle floors with dance.

Hours later when the music stopped
I thought of them out there in sleeping-bags
bedded down where they dropped from the dance,
moonlight threading their long hair,
cinnabar moths brushing their cheeks
so lightly they never stirred
nor saw how their dreams in clouds
floated up the castle walls.

The Dogs

I can still see the front room,
the dark mahogany sideboard
stretched the length of the back wall
the five wire-haired Irish terriers,
long dead pets, set in a row
so life-like on the polished wood
amber eyes reflecting log fires
in hearths where once they sprawled.

It was the landlord's house
where monthly we made our way
through fields of yellow ragwort
almost as tall as myself to pay the rent.
I grew to dread the dogs,
would choose to sit outside and tease ants
when the porch door closed on my mother,
and I watched her, a stranger behind glass,
the dance of words in her mouth,
fingers counting money from her purse.

I sensed the stuffed dogs eye me
from their house of fur and death,
felt them read my skin like the map
of fields they knew outside the gate
where I ran for cover of thorn-bush
from the bloodless hearts that hunted me
when I daren't break the glass
between my mother and me.

After Hallowe'en

Recently I have taken to peering
into trapped darknesses,
sombre tunnels in the yew tree
where no berries shine,
the old blue dog kennel
under the laurel leaves
that hasn't housed a dog in years.

Tonight – no candle to light his belly –
I look into the beetman's ancient face,
the hollow eyes, the gaping mouth
carved so carefully and placed
outside on the kitchen window sill
against the looping flight of bats.

Bogeyman, hobgoblin, incubus –
I see his putty-coloured skin
pocked with clay from wintry fields –
shrivel and cringe in the drying wind
and stare into his nightmare void
remembering how once my terrors
flew the night ahead of a thing like him.

Now it seems I can turn from the face
that swamped my nights, can pity him
grow smaller, keel over on his stand,
weep his last sugary juices onto the sill
as if he would bury himself close
to my hearth like the long-ago dead.